BOEKANALYSE

Eugenie Grandet

· · · · · · · · · · · · · · · ·

Honoré de Balzac

BOEKANALYSE

Geschreven door Emmanuelle Laurent
Vertaald door Nikki Claes

Eugenie Grandet

HONORÉ DE BALZAC

HONORÉ DE BALZAC

FRANSE SCHRIJVER

- **Geboren in Tours in 1799**
- **Overleden in Parijs in 1850**
- **Opmerkelijke werken:**
  - *Les Chouans* [De Chouans] (1829), roman
  - *Eugénie Grandet* (1833), roman
  - *Vader Goriot* (1835), roman

Honoré de Balzac (1799-1850) is een van de belangrijkste Franse schrijvers van de 19th eeuw. Als jongeman vond hij zijn weg in de wereld van de Parijse aristocratie, die hij voortdurend bezocht. Hij werd echter al snel geruïneerd door verschillende rampzalige zakelijke ondernemingen en zijn buitensporige levensstijl: het literaire schrijven, dat hij gepassioneerd en ijverig ondernam, werd zijn enige manier om zijn schulden af te betalen.

Hij was een ambitieus man en begon aan een monumentaal werk, *De Menselijke Komedie*, dat meer dan 90 romans bevatte en tot doel had een uitputtend portret te schetsen van de samenleving van zijn tijd, zo uitgebreid dat het kon wedijveren met de officiële verslagen. Tot zijn beroemdste romans behoren *Eugénie Grandet* (1833) en *Vader Goriot* (1835).

Balzac wordt beschouwd als een van de grondleggers van de moderne realistische roman.

EUGÉNIE GRANDET

EEN SCÈNE VAN HET PROVINCIALE LEVEN

- **Genre:** roman
- **Referentie-uitgave:** De Balzac, H. (2010) *Eugénie Grandet*. Trans. Prescott Wormeley, K. Coln St. Aldwyn: The Echo Library.
- **Eerste uitgave:** 1833
- **Thema's:** provinciaal leven, geld, liefde, gierigheid, huwelijk

In oktober 1833 tekende Balzac een contract voor de publicatie van *Studies of Manner in the 19th Century*. De verzameling zou *Scènes uit het privéleven*, *Scènes uit het Parijse leven* en *Scènes uit het provinciale leven bevatten*, volgens een indeling die het organische geheel *De menselijke komedie* aankondigt. *Eugénie Grandet*, gepubliceerd eind 1833, is de eerste van de scènes uit het provinciale leven, waarin Balzac probeert de provinciale sfeer en zijn "drama's in stilte" weer te geven. Hij schreef dat de kunst van het detail en de halftoon dit portret tot een "nederige miniatuur" maakte.

SAMENVATTING

De roman opent met een beschrijving van de hoofdweg van de stad Saumur, waar het "huis van Monsieur Grandet" (hoofdstuk I) staat, een rijke kuiper en voormalig burgemeester van Saumur, die er woont met zijn vrouw, zijn dochter Eugénie en hun bediende Nanon. Het verhaal opent midden november 1819, op de verjaardag van Eugénie, tijdens een diner dat wordt bijgewoond door twee families die de hand van de erfgename hopen te verwerven. Aan de ene kant de Cruchots, bestaande uit de jonge voorzitter van de burgerlijke rechtbank van Saumur en zijn ooms, de notaris en de priester; aan de andere kant de des Grassins, bestaande uit de vader, die bankier is, en zijn vrouw en zoon.

Diezelfde avond arriveert Charles Grandet, "een knappe jongeman van tweeëntwintig" (hoofdstuk III) en enige zoon van Grandets broer, uit Parijs. Hij verschijnt als een bedreiging voor beide kampen, omdat hij een huwelijkskandidaat voor Eugénie zou kunnen zijn. Charles overhandigt zijn oom een brief van zijn vader, waarvan hij de inhoud niet kent. In de brief staat dat zijn vader, die failliet was gegaan, zojuist zelfmoord heeft gepleegd. Hij was bijna vier miljoen sous schuldig. Hij vertrouwt zijn zoon toe aan zijn broer, maar deze blijft onverschillig tegenover het ongeluk van de jongeman: "Charles is helemaal niets voor ons; hij heeft geen cent, zijn vader heeft gefaald" (hoofdstuk V).

Grandet maakt plannen om van zijn neef af te komen door hem naar Indië te sturen om fortuin te maken. Tijdens een diner probeert hij de jonge Cruchot ervan te overtuigen naar Parijs te gaan. De des Grassins arriveren echter en doen een aanbod: de vader, een bankier, zal de zaak afhandelen.

Eugénie, die op het nachtkastje van haar neef een brief vindt die hij aan zijn minnares Annette heeft geschreven en waarin hij het heeft over zijn behoefte aan geld, biedt hem haar gouden munten aan. Charles geeft haar de toiletkoffer van zijn moeder in bewaring. De liefde tussen de twee jonge mensen bloeit op. Op de dag dat Charles naar Indië vertrekt, beloven ze elkaar altijd trouw te blijven en delen ze hun eerste kus.

Des Grassins, bezig met de zaken van Grandet, verblijft in Parijs, waar zijn zoon zich bij hem voegt. Hij is dus geen huwelijkskandidaat meer voor Eugénie: de familie Cruchot triomfeert. Eugénie van haar kant wacht op haar neef en lijdt in stilte.

Eind 1819 verneemt Madame Grandet dat Eugénie haar goud aan haar neef heeft gegeven. De volgende ochtend vraagt Grandet naar het goud van zijn dochter: "Ik heb *mijn* goud niet" (hoofdstuk X). Haar vader vervloekt haar vervolgens.

Grandet dwingt Eugénie opgesloten te leven in haar slaapkamer. De hele stad mijdt haar. Madame Grandet vraagt notaris Cruchot iets te doen om vader en dochter te verzoenen. De notaris laat Grandet inzien dat zijn dochter bij de dood van haar moeder een deel van het fortuin kan opeisen. Grandets gierigheid wordt monomaan. Als hij het goud van Charles' verbanddoos ziet, wil hij het meenemen. Eugénie wapent zich met een mes en dreigt zichzelf te doden als haar vader dat "heilige vertrouwen" aanraakt (hoofdstuk XI). Deze scène bespoedigt de ondergang van Madame Grandet. Zodra ze sterft, zegt Grandet tegen Eugénie dat ze de erfenis van haar moeder moet afstaan.

Vijf jaar gaan voorbij. Eind 1827 raakt Grandet, 82 jaar oud, verlamd. Zijn hele leven heeft zijn toevlucht gezocht in zijn ogen en in het aanschouwen van zijn goud. Dan komen de doodsstuipen: "Toen de priester het kruisbeeld van zilvergoud aan zijn lippen bracht om de Christus te kussen, maakte hij een angstig gebaar, alsof hij het wilde grijpen" (hoofdstuk XII). Eugénie erft 19 miljoen sous.

In juni van dat jaar landt Charles, die fortuin heeft gemaakt in Indië door handel te drijven onder de naam Charles Shepherd, in Bordeaux: "Eugénie had geen plaats in zijn hart noch in zijn gedachten" (hoofdstuk XIII). Tijdens zijn overtocht wordt hij de minnaar van Madame d'Aubrion, die hem met haar dochter wil laten trouwen. De dochter is lelijk en heeft geen bruidsschat, maar hij ziet zichzelf al als de Comte d'Aubrion. Des Grassins komt hem opzoeken en vertelt hem het bedrag dat nodig is om de schulden van zijn vader af te lossen, maar Charles stuurt hem weg.

In augustus ontvangt Eugénie een brief van Charles waarin hij haar vertelt over zijn plannen om te trouwen met de dochter van de familie d'Aubrion. Madame des Grassins laat Eugénie de brief voorlezen aan haar man, die zijn honorarium niet heeft ontvangen van Charles en dreigt vader failliet te verklaren. Eugénie plant vervolgens een huwelijk in naam met Monsieur le président de Bonfons in ruil voor "een onschatbare dienst" (Hoofdstuk XIV). Ze vraagt hem naar Parijs te gaan om de schuldeisers van haar oom volledig terug te betalen en vervolgens een brief aan Charles te geven: "Wees gelukkig, volgens de sociale conventies waaraan je onze liefde hebt opgeofferd" (Hoofdstuk XIV).

De Bonfons trouwt met Eugénie. Zij weet dat hij wil dat ze sterft zodat hij haar fortuin kan erven. Hij sterft acht dagen na zijn verkiezing tot afgevaardigde van Saumur. Als weduwe op 33-jarige leeftijd en "nog steeds mooi", leeft Madame de Bonfons "zoals de arme Eugénie Grandet ooit leefde". Balzac besluit: "Dat is de geschiedenis van Eugénie Grandet, die in de wereld is maar er niet van" (hoofdstuk XIV).

KARAKTERSTUDIE

EUGÉNIE GRANDET

Als erfgename valt Eugénie ten prooi aan de hebzucht van anderen en staat zij daarom centraal in deze zedenkomedie. Als jong meisje dat voor het eerst de liefde beleeft, is zij de heldin van het liefdesverhaal dat tevens een coming-of-age-verhaal is. Haar liefdesverhaal heeft echter een ongelukkig einde en zij wordt opgeofferd aan de belangen van verschillende anderen: dit verheft haar tot een tragische heldin. Balzac speelt met de opvallende contrasten tussen de monotonie van haar gewoonten, de armoede van haar kleding, de beperkingen van haar omgeving en de grootsheid van haar ziel. De "pracht van een bijzondere schoonheid" (hoofdstuk VI) gaat verder dan de schijn. Haar vrijgevigheid, gesmoord door Grandets gierigheid, komt aan het licht en ligt aan de basis van een drama dat vader en dochter tegen elkaar opzet. Eugénie, die eeuwige trouw belichaamt in een wereld die alleen het belang van het huidige moment erkent, vertegenwoordigt waarden die niet van haar wereld of haar eeuw zijn. Haar verhaal is ook dat van de teruggetrokkenheid van een superieure vrouw, die een gevangene is van de bekrompenheid van haar omgeving. Deze ongekende grootsheid geeft de roman zijn melancholie, die te zien is in de schoonheid van Eugénie en zelfs in haar huis, dat "zonder zon, zonder warmte, in de schaduw, melancholisch, een beeld is van haar leven" (hoofdstuk XIV).

GRANDET

Door het personage van een vrek op te nemen, wil Balzac zijn lezer inspireren tot "diepe nieuwsgierigheid", want de vrek, die volledig in de greep is van zijn belangstelling, vat alle passies samen. De gierigheid van Grandet is dus de belangrijkste motor van de plot: zijn speculaties zijn zeer nauwkeurig berekend, waarna de jaren de gevolgen van zijn passie uitgroeien tot waanzin. Het model voor hem is ontleend aan de komedie, met al haar middelen: de komedie van de herhaling om zijn manieën te beschrijven, pittoreske uitdrukkingen, de bewegingen van zijn wen (het gezwel op zijn neus), die zijn emoties verraden wanneer zijn gezicht onbewogen blijft.

Balzac geeft hem ook een fantastische dimensie omdat de vrek, altijd berekenend zich nooit openstelt. De romanschrijver geeft een klinische beschrijving van de oude man die volledig verlamd is door zijn passie, die monomaan is geworden, in een vegetatieve toestand leeft en alleen weer tot leven komt door contact met goud, dat hij pathologisch wil zien en aanraken. Door zijn beschrijving van een in wezen materialistische persoon schetst Balzac ook het portret van een tijdperk dat niet meer gelooft in geestelijke goederen: zo wordt hij een "historicus van de zeden" van zijn tijd.

CHARLES GRANDET

Charles is het personage dat beweging brengt en het drama in gang zet: zijn komst, die de gevestigde orde onderbreekt, is een dramatische wending. Zijn goede uiterlijk en stijl als modieuze jongeman vallen op in deze grijze omgeving. Hij is de Parijzenaar te midden van de provincialen. Grandet ziet hem als een "dandy" (hoofdstuk III). Hij is Eugénies eerste en enige liefde. Balzac beschrijft een idylle en schildert hem wanneer hij nog een restje onschuld in zich heeft. Maar Charles is "al een oude man onder het masker van de jeugd" (hoofdstuk VIII): het liefdesverhaal wordt een coming-of-age verhaal in de lange beschrijving die over de jaren die hij in Indië heeft doorgebracht en de versnelde veroudering van dit personage: "In de voortdurende strijd van egoïstische belangen werd zijn hart koud, dan kromp het en verdroogde het" (Hoofdstuk VIII). Terwijl Eugénie hem eeuwig blijft, is hij het toonbeeld van wispelturigheid en ziet hij alleen het belang van het moment. Hij geeft alleen om succes en schijn. Zo wordt hij deel van de familie van Balzacs "leeuwen": Rastignac, Rubempré, du Tillet en Maxime de Trailles.

ANALYSE

EUGÉNIE GRANDET, EEN SCÈNE UIT HET PROVINCIALE LEVEN

De stad Saumur

De roman opent met een beschrijving van de hoofdstraat van Saumur, wat al een voorbode is van de plot en een idee geeft van de personages. Namen hebben betekenissen en geven de algemene toon van de roman aan. Saumur lijkt sterk op het Franse woord *saumure*, dat "pekel" betekent en daarmee de gierigheid van Grandet en het conservatisme van het provinciestadje oproept door te denken aan een vloeistof die wordt gebruikt om dingen te bewaren of in te laten trekken. Grandets landgoed Froidfond, dat de Franse woorden *froid* ("koud") en *fond* ("bodem" of "diepte") bevat, duidt op zijn kilheid en hardheid. De panoramische beschrijving die de lezer de hele straat door voert, geeft hem een idee van de gebruiken van de stad, van de status van de kuipers en tenslotte van de plaats die Monsieur Grandet zelf inneemt. Er wordt een hiërarchie van geld geschetst, waarbij Grandet domineert omdat hij "de meest imposante personage in het arrondissement" is (hoofdstuk I).

In de provincies is het leven openbaar: het wordt altijd gadegeslagen door anderen die zich bezighouden met het beoordelen van daden en het peilen van fortuinen. Bij een vrek en een dochter die door twee vrijers wordt achtervolgd, is de nieuwsgierigheid ten top: "Deze geheime oorlog tussen de Cruchots en des Grassins, met als prijs de hand van Eugénie Grandet, hield de verschillende sociale kringen van Saumur in hevige beroering" (hoofdstuk I). Alle ogen van de stad zijn gericht op Grandet, die de gave lijkt te hebben de toekomst altijd in zijn eigen belang te voorspellen.

Het mysterie van de personages

Het karakter van de vrek blijft echter volledig in nevelen gehuld. Ook de geheime beweegredenen van Eugénie ontsnappen aan deze kleine wereld, die zich niet bewust is van de grootsheid van haar ziel. Het ondoorgrondelijke karakter van zowel de vader als de dochter zet deze andere personages, die alleen maar provinciaal konden zijn, nog eens extra in de verf. Tijdens de 19th eeuw waren deze karaktertypes, die representatief waren voor hun omgeving of hun beroep, erg populair en stonden bekend als fysiologie (fysiologie van de bourgeois, fysiologie van de actrice, enz.). Maar hoewel Eugénie en haar vader in sommige opzichten tot hun burgerlijke milieu behoren, ontsnappen ze er in andere opzichten aan. Zij zijn meer dan karaktertypen: de een heeft het mysterie van een fantast, de ander de adel van een tragische heldin.

EEN GRIJS BEELD

Smalheid

Om de kleinzieligheid van het provinciale leven te beschrijven, wordt de auteur een miniaturist, concentreert hij zich op details en gebruikt hij halftonen. Om het portret van een vrek te tekenen, moet deze gemeenheid nog meer accentueren: Het huis van Grandet staat voortdurend in de schaduw, de tuin is smal, de vegetatie is schaars en een klein stukje muur beperkt de horizon. Binnen zijn de muren kaal, de voorwerpen zijn alledaags en alles is koud en donker. Het is essentieel om de schijn van armoede op te houden. Alles is daarom teruggebracht tot het strikt noodzakelijke: "[Grandet] maakte geen beweging of lawaai en leek op alles te bezuinigen, zelfs op beweging" (Hoofdstuk I).

De tijd staat stil

Balzac schreef eens dat alles in Parijs aankwam, maar door de provincies ging. Het leven lijkt er stil te staan en de uren gaan voorbij met steeds dezelfde gebaren: die van moeder en dochter die met hun naaiwerk bezig zijn, die van Nanon en die van Grandet, grenzend aan manie. Als hij in beweging komt, is dat 's nachts en in het geheim. Terwijl Eugénie op Charles wacht, reist hij de wereld rond. Terwijl zij de belichaming is van trouw, is hij het toonbeeld van wisselvalligheid. Aan het einde van de roman tekent Balzac een laatste portret van zijn personage, van het heden naar de eeuwigheid, zowel om de opgeschorte tijd van haar leven van teruggetrokkenheid te vertalen als om de eeuwigheid weer te geven waarin zij zich beweegt omdat zij, door niet deel te nemen aan wereldse belangen, al "op weg is naar de hemel" (hoofdstuk XIV).

De grijsheid

De algemene kleur van de roman is grijs: grijze muren, grijze kleren, het zwakke halflicht van een kaars dat de personages nauwelijks verlicht en van deze provinciale scène een theater van schaduwen maakt. Grijs is ook de koude kleur die symbool staat voor het hart van Grandet, dat met graniet wordt vergeleken. Als schilder en romanschrijver tekent Balzac opvallende contrasten: de helderheid die Charles omgeeft wanneer hij voor het eerst verschijnt, zijn blonde haar, zijn goede uiterlijk, zijn jeugd, de weelderigheid van zijn outfit en de felle kleuren van zijn kleding steken af grijze achtergrond.

GRANDET: EEN FANTASTISCH PERSONAGE

Grandet: een superieur man

Zijn intelligentie in het berekenen van zijn belangen maakt Grandet, net als de geldschieter Gobseck, tot een superieur personage. Al zijn voorspellingen worden met succes bekroond: "Machtige wezens willen en wachten" (Hoofdstuk VI). Ver van Saumur had hij grootse dingen kunnen doen, net zoals hij tot niets had kunnen komen, verwijderd van zijn natuurlijke omgeving. Deze bekrompen grootheid, verschrompeld door de bekrompenheid van het provinciale leven en de onedele passie van de hebzucht, komt tot uiting in zijn naam: Grandet bevat het Franse woord *grand*, dat "groot" of "groots" betekent, maar gevolgd door een verkleinwoord.

Een fantastische dimensie

Zijn voorliefde voor geheimhouding en de aura die hem in Saumur omringt, geven Grandet een fantastische dimensie. Met name Balzacs roman *De zoektocht naar het absolute* (1834) en het geheim van de transmutatie van goud komen in gedachten. In zijn kantoor met zijn deuren met ijzeren tralies wil Grandet met rust gelaten worden, "als een alchemist in zijn laboratorium" (hoofdstuk IV). We zien nooit geld in het huis, maar de vrek lijkt er goud te produceren en te vermenigvuldigen. Balzac speelt met halve duisternis tijdens nachtelijke scènes, waarin we Grandet een vat met kleinere munten zien vervoeren, zodat hij ze in de stad tegen goud kan inwisselen.

De wolf, de gier en de hond

In beslag genomen door zijn enige passie gelooft Grandet niet in God of de duivel ("De duivel neemt uw goede God!", hoofdstuk VI). Hij is een onnatuurlijke echtgenoot, vader en burger. Hij vervloekt zijn eigen dochter omdat ze vrijgevig is, veroorzaakt de dood van zijn vrouw en verraadt zijn medeburgers. Balzac hanteert hier het model van de sociale zoölogie, met de traditionele beelden van de grijpgrage gier, de bijtende en de verslindende wolf. Tegenover deze wolf zijn de moeder en de dochter, geofferd op het altaar van de belangen van de vader, het beeld van het lam: "Lam zonder vlekken, ze ging naar de hemel, met alleen spijt van de lieve metgezel van haar koude en sombere leven, voor wie haar laatste blik een lot van smarten leek te voorspellen. Zij deinsde ervoor terug haar ooilam, wit als zijzelf, alleen te laten temidden van een egoïstische wereld die haar van haar vacht wilde beroven en haar schatten wilde grijpen" (hoofdstuk XI).

VADER EN DOCHTER

Geld is alles voor Grandet en niets voor Eugénie...

De vader gelooft alleen in het materiële bestaan ("Mislukkelingen geloven niet in een toekomstig leven; het heden is hun alles in allen", hoofdstuk VI), terwijl zijn dochter al van de hemel is. Bij haar ontbreekt elke vorm van berekening, en zij geeft haar goud aan Karel in een vlaag van vrijgevigheid. Opgevoed door haar moeder, is ze volledig onwetend over de waarde van de dingen en het fortuin van haar vader: "Moet papa dan rijk zijn?" (Hoofdstuk V); "Wat is een 'miljoen', vader? "(Hoofdstuk V).

Alles aan Grandet is smal en klein, alles aan Eugénie is breed en groot...

De adel van Eugénie, de generositeit van haar opvattingen en haar gevoel voor het oneindige worden ingegeven door het geloof en onderwezen door de liefde. Terwijl de woordenschat waarmee Grandet wordt beschreven kleinzieligheid uitstraalt, weerspiegelen de beelden waarmee Eugénie wordt afgebeeld haar morele grootsheid – de oneindigheid, de oceaan, de hemel – die contrasteert met de enge omgeving waarin zij is opgesloten. Het ouder worden van haar vader, wiens gierigheid en hardheid met de jaren toenemen, contrasteert met de geboorte van de liefde in het hart van zijn dochter, een expansieve beweging die haar groeien en haar boven haar toestand doet uitstijgen. Haar "genereuze instincten", die "lang onderdrukt" zijn door haar vader, ontwaken. Eugénie komt tot haar recht en is bereid zich tegen haar vader te verzetten: we verlaten de zedenkomedie om over te gaan naar een tragedie waarin twee antagonistische personages met elkaar in botsing komen.

Toch erft de dochter van haar vader haar superieure intelligentie en het vermogen om niet haar belangen maar haar pijn te verbergen, evenals haar eenzame karakter en haar openhartigheid. Als ze sommige indirecte uitdrukkingen vermijdt, is dat omdat ze eerlijk is en de wereld kent. Tegen Monsieur de Bonfons, die haar erfenis wil, zegt zij: "Ik weet wat u in mij bevalt" (hoofdstuk XIV). Nuchtere gewoonten, die bij de vader het gevolg waren van gierigheid, zijn bij de dochter een teken van ascese en een manier om afstand te doen van wereld.

EEN BURGERLIJKE TRAGEDIE

De drie eenheden

Deze provinciale scène wordt door Balzac voorgesteld als "een burgerlijke tragedie, zonder gif, dolk of bloedvergieten; maar – wat de acteurs betreft – wreder dan alle legendarische verschrikkingen in de familie van de Atriden" (Hoofdstuk X). De enkele setting van Saumur en de kamer in het huis van Grandet waar alles beslist wordt, geven de roman eenheid van plaats. Evenzo kunnen we spreken van eenheid van handeling met betrekking tot het beperkte aantal personages die zich met hetzelfde plot bezighouden en die we zeven jaar later weer tegenkomen: "Het peloton zat nog steeds achter Eugénie en haar miljoenen aan" (hoofdstuk XII). Hoewel de plot zich over meerdere jaren uitstrekt, lijken het repetitieve leven in de provincies, het isolement van de vrouwen in het huis van Grandet en de teruggetrokkenheid van Eugénie de tijd stil te zetten: we kunnen dus ook zeggen dat er eenheid van tijd is. De inleidende beschrijving van de plaatsen en personages is een lange expository scene waarin Balzac zorgvuldig omgaat met spanning, gevolgd door een reeks dramatische incidenten, tot de crisis op een dag in 1820.

Dramatische voorvallen

In dit besloten provinciale leven verstoort de komst van de neef uit Parijs de plannen van velen. Het faillissement en de zelfmoord van zijn vader omringen hem met een tragisch aura; hij zou een huwelijkskandidaat voor Eugénie kunnen zijn. De twee rivaliserende kampen zien hem dan ook als een belangrijke tegenstander. Het plan van Grandet om de schuldeisers van zijn broer niet te betalen remt ook een deel van de aanwezige krachten af, want des Grassins en zijn zoon trekken zich terug uit de achtervolging om in Parijs te blijven. Zodra Charles naar Indië is vertrokken, lijkt de orde hersteld, want hij was de indringer. Daarbij wordt geen rekening gehouden met het feit dat Eugénie hem haar gouden munten heeft gegeven, die de vader terug wil. Deze scène wordt weergegeven als een tragische confrontatie tussen vader en dochter: zij verzet zich tegen hem, hij verstoot haar. Deze confrontatie blijkt fataal voor Madame Grandet, die bijna ter plekke sterft: "Ik ga dood" (hoofdstuk X). Als een *drame bourgeois* in de stijl van Diderot (Franse schrijver, 1713-1784) en de Greuze (Franse schilder, 1725-1805) kijken we naar een scène waarin een vader zijn kind vervloekt, met grote gebaren, kreten en bewegingen van verontwaardiging. Dezelfde ontroering is aanwezig in de scène waarin Grandet de door Charles aan Eugénie gegeven verbanddoos in beslag wil nemen.

Hoewel Balzac met de twee dramatische scènes speelt door ze een komische dimensie te geven die verband houdt met het karakter van de vrek, is Eugénie ongetwijfeld een tragisch personage. Ze lijkt inderdaad vanaf de eerste scène gedoemd: "dit jonge meisje, dat, zoals sommige vogels het slachtoffer werden van de prijs die voor hen werd betaald, werd nu gelokt en gevangen door bewijzen van vriendschap waarvan zij de dupe was" (hoofdstuk II). Ook haar verraad door de neef aan wie zij niettemin trouw blijft, is een tragisch element. Balzac verbeeldt in haar de grootsheid die in de provincie verborgen ligt, de schoonheid die ongezien blijft en de ware adel die niet van het wereldse soort is. Naast de intriges van de mensen is de voorzienigheid de superieure realiteit die de beste plannen verijdelt. Aan het einde van de roman veroorzaakt de hand van God, die "nooit mis slaat" (hoofdstuk XIV), de dood van Monsieur de Bonfons, die heimelijk hoopte op de dood van zijn vrouw: dit is de laatste omkering van de situatie en de ultieme dramatische gebeurtenis.

VERDERE REFLECTIE

ENKELE VRAGEN OM OVER NA TE DENKEN...

- Balzac besluit: "Dat is de geschiedenis van Eugénie Grandet, die in de wereld is maar er niet van" (hoofdstuk XIV). Hoe vat deze zin het karakter van Eugénie Grandet samen?

- Wat is de rol van beschrijvingen bij Balzac?

- Leg uit op welke manier het huis van Grandet een beeld is van het leven van Eugénie. Laat zien hoe Eugénie Grandet bij de *Scènes van het provinciale leven hoort*.

- Balzac presenteert Eugénie Grandet als "een burgerlijke tragedie, zonder gif, zonder dolk en zonder bloedvergieten, maar – wat de acteurs betreft – wreder dan alle legendarische verschrikkingen in de familie van de Atriden" (hoofdstuk X). Verklaar deze uitspraak.

- Op welke manier(en) is Grandet een komisch personage en op welke manier(en) is Eugénie een tragische heldin?

- Slaagt Balzac erin om gierigheid uit te beelden? Hoe?

- Kan *Eugénie Grandet beschouwd worden als* een liefdesverhaal?

VERDER LEZEN

REFERENTIE-UITGAVE

De Balzac, H. (2010) *Eugénie Grandet*. Trans. Prescott Wormely, K. Coln St. The Echo Library.

*We horen graag van jou! Laat
een reactie achter op jouw online bibliotheek
en deel je favoriete boeken op social media!*

De uitgever garandeert de betrouwbaarheid van de gepubliceerde informatie, die echter niet onder zijn verantwoordelijkheid valt.

www.50minutes.com

Master ISBN: 9782808687874
Papier ISBN: 9782808699273
Wettelijk depot: D/2023/12603/1207

Omslag: © Primento

Digitaal ontwerp: Primento, de digitale partner van uitgevers.